Carin Reiterer

100

Lippen-Bekenntnisse

(1. Band)

Carin Reiterer Verlag

Bibliografische Information Der Deutschen Bibliothek

Die Deutsche Bibliothek verzeichnet diese Publikation in der Deutschen Nationalbibliografie; detaillierte bibliografische Daten sind im Internet über http://dnb.ddb.de abrufbar.

Originalausgabe

Copyright © 2003 by Carin Reiterer

Umschlaggestaltung: Carin Reiterer

Satz: Carin Reiterer

Printed in Germany

ISBN 3-9807755-4-2

Herstellung: Books on Demand GmbH

Ja

Und wenn Du mich
fragst
ob ich immer noch
an Liebe
glaube
lautet
meine Antwort

ja

Unsere Herzen

Ich
schenke
Dir
mein
Herz
-
schenkst
Du
mir
auch
Deines
?

Unsere Hände

Du und ich...
jeder für sich...
öffne
Dein Herz
und
geh auf
mich zu...
gib mir
Deine Hand...

Ich und Du...
und im Nu
öffne ich
mein Herz
und
gehe auf
Dich zu...
ich gebe Dir
meine Hand...

Meine große Liebe

Kann die Welt
mich auch
nicht
verstehen
ich werde Dich
immer
mit meinen Augen
sehen

Wird die Zeit
auch viele
unserer Träume
verwehen
meine Liebe
zu Dir
wird niemals
vergehen

Wünsche

Ich wünsche mir
daß Du lernst
mir wirklich
zu vertrauen
auf meine Liebe
zu bauen
Dich selbst
zu überwinden
den Weg zu mir
zu finden

Zukunft

Wenn das Glück
uns verläßt
nehme ich Dich
in die Arme
und halte
Dich fest
wir lassen uns
die Zukunft nicht
verderben
und schneiden
uns nicht
an den Scherben

Fremde

Wir
sind
Fremde
die
sich
kurz
begegnen
und
ohneeinander
weiterleben

Karte

Ich werde
mein Herz
auf
eine Karte
setzen
auf
Deine Karte
setzen
wirst Du
es
nehmen
oder
zerfetzen
bist Du
mein
größter
Segen
oder
der
größte
Fehler
meines
Lebens

Gesicht

Ich suche
das Gesicht
in der Menge
das
mir
so lieb ist
das
mir
so viel bedeutet
das Gesicht
unter
vielen Gesichtern
ich werde
nie aufhören
es
zu suchen
das Gesicht

Dein Gesicht

Küß nur mich

Du
darfst
anschauen
wen
Du
willst
aber
bitte
küß
nur
mich

Für Dich / Für mich

Für Dich

war es

nur

ein Spiel

Für mich

war es

ein Traum

zuviel

Durchbrennen

Laß
uns
zusammen
durchbrennen
bis
ans
Ende der Welt
und
bis
zum
Ende der Zeit

Alle Sehnsüchte

Du vereinst
alle Sehnsüchte
von mir
in Dir

Die Sprache der Liebe

Jeder
Mensch
spricht
und
versteht
die
Sprache
der
Liebe

Die Flügel der Liebe

Komm
und
flieg
mit
mir
so
weit
uns
die
Flügel
der
Liebe
tragen

All meine Liebe

All
meine Liebe
hat Dich
nicht
umstimmen
können
Du bist
gegangen
und hast
mein Herz
mitgenommen

Herzlos

Du hast
mein Herz
mitgenommen
herzlos
werde ich
von nun an
durchs Leben
gehen

Dich vergessen

Neu
beginnen
alles hinter mir
lassen
alle Brücken
abbrechen
nicht mehr
zurückblicken
Dich
vergessen

Die
Zeit
vergeht
nicht
ich
laufe
hin
ich
laufe
her
Dich
vergessen
ist
so
furchtbar
schwer

Was bleibt

Du bist
nicht
für mich
bereit
was
bleibt
ist
Einsamkeit
und
Erinnerung
an
eine
schöne
schwere
Zeit

Warten

Warten
bis
das
Gefühl
für
Dich
stirbt
und
Du
eine
bittersüße
Erinnerung
wirst

Schöne Zeit

Wenn
meine Tränen
versiegen
werde
ich
vielleicht
sagen
unsere Zeit
war
schön

Was
einmal
war
ist
aus
und
vorbei
was
einmal
sein
wird
beginnt
heute
neu

Ja und nein

Ja
und
nein
alles kann sein
mit Dir zusammen sein
oder
für immer allein

Ja
einerseits
sucht man
das Glück
andererseits
gibt es
kein Zurück

Nein
einerseits
überlistet man
das Pech
andererseits
kann es sein
daß es sich rächt

Ja
und
nein
alles kann sein
mit Dir zusammen sein
oder
für immer allein

Ja oder nein

Ja
komm zu mir
und
geh nie wieder
fort von hier

Nein
bitte bleib nicht
weil sonst
mein Herz
an Dir zerbricht

Ja
ich werde Dich
für
immer
lieben

Nein
ich habe mich
noch nicht
für Dich
entschieden

Trotzdem

Wenn Du
fortgehst
bleibst Du
trotzdem
hier
denn ich
trage Dich
in mir
und
Du bist
immer
bei mir

Du liebst mich nicht

Ich habe
gehofft
geweint
daß nicht alles
so ist
wie es scheint
doch
es war
vergeblich
Du liebst mich nicht

Festung

Ich
bin
wie
eine
Festung
aus
Eis

Ein
Kuß
von Dir
läßt mich
dahinschmelzen
wie
Sonne

Erloschen

Das Feuer
ist erloschen
der Gedanke
an Dich
wärmt mich
nicht mehr

Heiß und kalt

Mir wird
heiß
und
kalt
bei
dem
bloßen
Gedanken
an
Dich

Warm und kalt

Mir wird
nicht mehr
warm
ums Herz
wenn Du
bei mir
bist
ich warte
auf
den Tag
an
dem
Du mich
kaltläßt

Mit Deinen Augen

Du
darfst
nicht
alles
glauben
was
andere
Dir
anvertrauen

Laß
Dir
den Glauben
an mich
nicht
rauben
sieh mich
mit
Deinen Augen

Deine Augen

Deine Augen
werden
noch schöner
wenn
sie
in
meine
sehen

Mitten in mein Herz

Dein Blick
traf
aus
Deinen Augen
mitten
in
mein Herz

Endgültig

Es ist schwer
die Tür
endgültig
zu schließen
wenn
Du
mich
anschaust

Ich habe Dir
alles
zu leicht
gemacht
und
trenne mich
schweren Herzens
von Dir

Du hast mir
alles
zu schwer
gemacht
ich
trenne mich
leichten Herzens
von Dir

Gewinnen und verlieren

Du
gewinnst
wenn
Du
Dich
an
mich
verlierst

Meine Angst und Deine Liebe

Ich
möchte
meine Angst
überwinden
und
Deine Liebe
wiederfinden

Meine Wut und Dein Haß

Meine Wut
muß
verfliegen
um
Deinen Haß
zu besiegen

Meine Freiheit und Deine Macht

Ich
liebe
meine Freiheit
und
doch
kann
ich
es
kaum
erwarten
mich
Dir
auszuliefern
Deine Macht
über
mich
zu genießen

Mein Glück und Dein Pech

Das
Scheitern
unserer
Beziehung
ist
mein Glück
und
Dein Pech

Ich freue mich

Ich freue mich
so sehr
Dich wiederzusehen
ich freue mich
und habe
doch Angst
vor dem Tag
an dem Du mir sagst
daß Du mich nicht mehr magst

Liebesbeweis

Der
größte
und
am
schwersten
zu
erbringende
Liebesbeweis
für
mich
ist
Dich
gehenzulassen

Alles
was noch
bleibt
ist
Einsamkeit
so
ist
das
wenn man
sein Herz
riskiert
und
sein Herz
verliert

Alles
was noch
bleibt
ist
Traurigkeit
so
ist
das
wenn man
alles
riskiert
und
alles
verliert

Als Du fortgingst

Als Du
fortgingst
wurde
die Nacht
nicht mehr
zum Tag
es
gab
keine Freude
mehr
mein Leben
war
kalt
und
leer
heute
ist
alles
wie
es
einmal
war
meine Lebensfreude
ist
wieder
da

Für immer

Ich werde Dich
ganz bestimmt
für immer
lieben
wenn Du das
willst

Ich werde Dich
aber auch
für immer
lieben
wenn Du das
nicht willst

Mit ihm

Ich gehe
mit ihm
ich hoffe
Du
verstehst
mich

Ich gehe
aber auch
mit ihm
wenn Du
mich
nicht verstehst

Nicht gut

Du bist
nicht gut
für mich
ich bin
nicht gut
für Dich

Warum
können
wir
dann nicht
voneinander
lassen?

Immer und irgendwann

Ich
werde
Dich
immer
lieben
aber
vielleicht
tut
diese
Liebe
irgendwann
nicht
mehr
weh

Ja! Nein!

Bin ich gut für ihn?
Ja!
Bin ich nett zu ihm?
Ja!
Interessiere ich mich für ihn?
Ja!
Liebt er mich?
Nein!

Nein! Ja!

Ist er gut für mich?
Nein!
Ist er nett zu mir?
Nein!
Interessiert er sich für mich?
Nein!
Liebe ich ihn?
Ja!

Wenn...

Ich werde
Dich lieben
wenn
Dich niemand
sonst
mehr liebt
wenn
es
sonst
keine Liebe
mehr gibt
wenn
jeder Dich
fallenläßt
wenn
die Welt
Deinen Namen
vergißt
in Freud
und Leid
mitsamt
Deiner Vergangenheit
ich wache auf
und träume weiter
was alles
sein könnte

wenn...

Wenn Du magst

Wenn wir uns
in der Wirklichkeit
nicht
finden können
such mich
im Traum
ich warte
auf Dich
nachts
und
tags
komm zu mir
wenn Du magst

Unendlich

Unendlich sanft
wiege ich mich
in
den
Schlaf
und
male mir
mein
Leben
in
den
schönsten
Farben
aus
ich erwache
aus
meinem
Traum
und
lande
auf
dem
Boden
der
Tatsachen
unendlich hart

Bis jetzt
warst Du
mein Traum
und nun
bist Du
da
ganz nah
und doch
habe ich
keine Angst
meinen Traum
einzutauschen
gegen
Deine Wirklichkeit

Ohne Dich

Ich will
nie mehr
ohne Dich
sein
denn
ohne Dich
bin ich
so allein

Wie Du

Du
gehst
auf
mich
zu
und
ich
weiß
es
im
Nu
Du
oder
keiner
denn
keiner
ist
wie
Du

Ich liebe Dich
was auch war
was auch ist
was auch sein wird
bis zum Ende
unserer Zeit
und
darüber hinaus
für
alle Ewigkeit

Wenn
ich
von
allen Männern
dieser Welt
einen einzigen
auswählen
dürfte
würde
ich
Dich
nehmen

Ist es
falsch
oder
richtig,
bei Dir
zu bleiben?
Kannst Du
meine
Zweifel
vertreiben?

Wenn
Du mich
fallenläßt
und
Du läßt mich
im Stich
im Fall
des Falles
war es
falsch

Wenn
Du mich
in vielen Jahren noch
liebst
und
ich bin Dir
immer noch
wichtig
war es
richtig

Ist es
falsch
oder
richtig,
bei Dir
zu bleiben?
Kannst Du
meine
Zweifel
vertreiben?

Dir fällt	Mir fällt
es schwer	es schwer
Deinem Glück	meinem Glück
zu trauen	zu trauen
Dir fällt	mir fällt
es schwer	es schwer
mir	Dir
zu trauen	zu trauen
Zusammen	Zusammen
und	und
nie mehr	nie mehr
allein	allein
-Wäre es einfach	-Wäre es einfach
für uns beide	für uns beide
zu schön,	zu schön,
um wahr zu sein?	um wahr zu sein?

Lächelnd

Meine Welt
ist bunt
seit Du
sie
betreten hast
ich gehe
lächelnd
durch
graue Straßen
und denke
an Dich

Liebe

Ich
hoffe
auf
den
Tag
an
dem
aus
Deiner Liebe
und
meiner Liebe
auch
unsere Liebe
wird

Schon wieder und immer noch

Schon wieder
in Deinem Leben
verrannt

Schon wieder
an Deinem Feuer
verbrannt

Immer noch
nicht
der Rede wert

Immer noch
nichts
dazugelernt

Schwer

Es ist schwer
zu wissen
daß
wir
zueinandergehören
und
nicht
zueinanderfinden

Unser Glück

Wir
stehen
uns
im Weg
auf
dem Weg
zu
unserem
Glück

Wider alle Vernunft

Komm zurück
zu mir
Du fehlst mir
so sehr
wir versuchen es
noch einmal
wider
alle Vernunft

Enttäuscht

Du hast mich
enttäuscht
und
ich stehe
vor dem Nichts
doch
ich habe
keine Lust mehr
darauf
zu warten
daß Du
nicht hältst
was Du
nicht versprichst

Deine größte Liebe

Laß mich
in
Dein Herz
hinein
und
laß mich
Deine größte Liebe
sein

Fesseln

Du
bist
alles
was
ich
habe
und
doch
weiß
ich
nicht
wie
lange
ich
sie
ertrage
die
Fesseln
Deiner
Liebe

Es ist vorbei

Es ist
vorbei
ich bin
wieder
frei
und
nicht mehr
gefangen
in
Deiner Liebe

Bis zum letzten Augenblick

Bis zum
letzten Augenblick
habe
ich
gehofft
auf
ein Zeichen
von Dir
sei
es
auch
noch
so
winzig
jetzt
kann
ich
nicht mehr
mein Herz
ist
leer

Weinen

Ich
weine
mich
in
den
Schlaf
seit
Du
mich
vergaßt

Ja bitte / Nein danke

Ja bitte
komm her
und bleib
bei mir

Nein danke
heute da
und morgen
nicht mehr hier

Ja bitte
laß mich
heute nicht
allein

Nein danke
Du kannst
morgen nicht mehr
bei mir sein

Einerseits ja, andererseits nein

Einerseits ja
andererseits nein
wird unser Feuer
weiterbrennen
oder
werden wir uns
für immer trennen

Einerseits ja
ich liebe
Dich
und
doch
verliere ich
mich

Andererseits nein
gib mir
noch Zeit
denn
ich bin
noch nicht
soweit

Einerseits ja
andererseits nein
wird unser Feuer
weiterbrennen
oder
werden wir uns
für immer trennen

Im selben Augenblick

Wenn Du mir
nahekommst
werde ich Dich
von mir
stoßen
um
im selben Augenblick
zu wünschen
Du wärst
nah
bei mir

Weit weg, nah und doch fremd

Wenn
Du
weit
weg
bist
bist
Du
mir
nah
wenn
Du
mir
nah
bist
bist
Du
mir
fremd

Nur für Dich

Ich
wische mir
die Traurigkeit
aus den Augen

Ich
male mir
Fröhlichkeit
ins Gesicht

...Nur für Dich

Wenn Du mich liebst

Wenn Du
mich liebst
werde ich
die dunklen Wolken
weglachen
einen glücklichen Menschen
aus Dir
machen

Wenn Du
mich liebst
werde ich
Dich
küssen
all Deine Bedenken
mit diesem Kuß
wegwischen

Glücklich

Ich möchte
daß Du
mit mir
oder
ohne mich
glücklich
wirst

Unglücklich

Ich möchte nicht
daß
meine Liebe
Dich
unglücklich
macht

Nicht vorbei

Ich dachte
Du wärst mir
einerlei
doch
mit uns
ist es
noch lange
nicht vorbei

Immer noch

Immer noch
verführt
immer noch
berührt
immer noch
verwirrt
immer noch
überzeugt
daß es
nur Dich
für mich
gibt
immer noch
so sehr
in Dich
verliebt

In Deiner Hand

Ich befrage
nicht
meinen Verstand
Du hast mich
in
Deiner Hand

Zwei Gegensätze

Du und ich-
zwei Gegensätze
die
sich
anziehen
und gerade deshalb
voreinander
fliehen

Wechselbad der Gefühle

Liebe und Zärtlichkeit
Haß und Versöhnlichkeit
Freude und Verlegenheit
Trauer und Verführbarkeit
Feuer und Eis
Einsatz und Preis
Hitze und Kühle
Wärme und Schwüle

Wechselbad der Gefühle

Wir beiden

Schwarz und weiß
kalt und heiß
warm und kühl
lau und schwül
groß und klein
grob und fein
Freuden und Leiden
das sind wir beiden

Unerreicht

Du bist
einfach
unerreicht
so und so
und alles
zugleich
stark und zart
sanft und hart
schwer und leicht
wild und weich

Volltreffer

Dein Talent
und
meine Werke
meine Schwäche
und
Deine Stärke
Deine Verletzlichkeit
und
meine Leidenschaft
meine Liebe
und
Deine Kraft
werden sich
eines schönen Tages
treffen

Versäumt

All die
versäumten
Möglichkeiten
all die
versäumte
Liebe
die
wir
vergaßen
zu geben
laß
sie
uns
leben
niemand
weiß
wieviel
Zeit
uns
noch
bleibt
irgendwann
tut es
Dir und mir
um die
versäumten
Chancen
leid

Ich liebe Dich

Laß uns
zueinanderfinden
jede Krankheit überwinden
unserer Liebe eine Chance geben
miteinander leben
das Schicksal tragen
ohne zu klagen
den Traum eintauschen
gegen die Wirklichkeit
ohne enttäuscht zu sein
bleibt uns
ein kurzer Tag
oder
eine lange Zeit
ich liebe Dich
bis in alle Ewigkeit
bei Dir
bin ich zu Haus
ich liebe Dich
bis zum Tod
und
darüber hinaus

Im Namen der Liebe

Verraten
von Dir
was habe
ich Dir

nur
getan
ich habe
Dich doch
geliebt
und Du
hast Dich
gerächt

im
Namen
der
Liebe

Notwehr

Als
meine Gefühle
für Dich
lebten
tanzten
sie
und
freuten
sich
ihres Lebens

Jetzt
liegen
sie
auf
dem
Boden
erschlagen
von Dir
in
Notwehr

Meine Liebe

Meine Liebe
zu Dir
ist
nicht
tot
sie
schläft
nur
und
wartet
darauf
wachgeküßt
zu werden
von Dir

Aufgeweckt

In
Dir
ist
kein Leben
doch
meine Liebe
kann
Tote
wecken

So wie Dich

Nach Dir
kann ich
nur noch
den Tod
lieben
diesen
aber
von
ganzem
Herzen
so
wie
Dich

Ewiglich

Ich würde
mein Leben
geben
um
im Tod
meine Arme
um Dich
zu legen

ewiglich

Dein Licht

Eines Tages
verlöscht
Dein Licht
komm zu mir
ich warte auf Dich

Zum Licht

Und
wenn
die Zeit
für mich
gekommen ist
warte auf mich
und
führe mich
zum Licht

Nein

Nein

bitte
geh
noch nicht
dies kann
doch nicht
das Ende
sein

51	Nein! Ja!
52	Wenn...
53	Wenn Du magst
54	Unendlich
55	Tausche Traum gegen Wirklichkeit
56	Ohne Dich
57	Wie Du
58	Was auch war, ist und sein wird
59	Alle Männer dieser Welt
60	Falsch oder richtig
61	Zu schön, um wahr zu sein
62	Lächelnd
63	Liebe
64	Schon wieder und immer noch
65	Schwer
66	Unser Glück
67	Wider alle Vernunft
68	Enttäuscht
69	Deine größte Liebe
70	Fesseln
71	Es ist vorbei
72	Bis zum letzten Augenblick
73	Weinen
74	Ja bitte / Nein danke
75	Einerseits ja, andererseits nein
76	Im selben Augenblick
77	Weit weg, nah und doch fremd
78	Nur für Dich
79	Wenn Du mich liebst
80	Glücklich
81	Unglücklich
82	Nicht vorbei
83	Immer noch
84	In Deiner Hand
85	Zwei Gegensätze
86	Wechselbad der Gefühle
87	Wir beiden
88	Unerreicht
89	Volltreffer
90	Versäumt
91	Ich liebe Dich
92	Im Namen der Liebe
93	Notwehr
94	Meine Liebe
95	Aufgewacht
96	So wie Dich
97	Ewiglich
98	Dein Licht
99	Zum Licht
100	Nein